La tour Eiffel
va sur la Lune!

Des romans à lire à deux,
pour les premiers pas en lecture !

La collection Premières Lectures accompagne les enfants qui apprennent à lire. Chaque roman peut être lu à deux voix : l'enfant lit les bulles et un lecteur confirmé lit le reste de l'histoire.

Cette collection a trois niveaux :

NIVEAU 1 les bulles peuvent être lues par l'enfant qui débute en lecture.

NIVEAU 2 les bulles peuvent être lues par l'enfant qui sait lire les mots simples.

NIVEAU 3 les bulles peuvent être lues par l'enfant qui sait lire tous les mots.

Quand l'enfant sait lire seul, il peut lire les romans en entier, comme un grand !

Un concept original **+** des histoires simples **+** des sujets qui passionnent les enfants **+** des illustrations : **des romans parfaits pour débuter en lecture avec plaisir !**

Cette histoire a été testée par Valérie Le Borgne, enseignante, et des enfants de CP.

L'orthographe rectifiée est appliquée dans cet ouvrage.

© 2018 Éditions Nathan, SEJER, 92, avenue de France, 75013 Paris
Loi n°49-956 du 16 juillet 1949 sur les publications destinées à la jeunesse, modifiée par la loi n° 2011-525 du 17 mai 2011.
ISBN : 978-2-09-258359-3

La tour Eiffel va sur la Lune !

TEXTE DE MYMI DOINET
ILLUSTRÉ PAR MÉLANIE ROUBINEAU

Nathan

Ce soir, la tour Eiffel n'a pas sommeil.
Pendant que le soleil se couche
derrière les toits de Paris, elle chuchote
à son amie, Babette, la chouette :

La tour et Babette vont-elles partir
à la mer ou sur les dunes du désert ?
Non, elles rêvent de découvrir l'univers !
Soudain, une fusée pointe son nez
à travers les nuages. Ravie, la belle
d'acier la suit.

Hop! On décolle!

Thomas, le superpilote
de la fusée, invite les deux
voyageuses à l'accompagner.

Cap sur
la Lune !

Quelle chance !
La tour se réjouit.

Bonne idée !

Babette n'a jamais volé si haut.
La chouette plane avec beaucoup
de courage, et bing! Elle se cogne
contre quelque chose de rond et orange.
Elle ulule:

On est
déjà sur Mars?

Mais pas du tout!
C'est une montgolfière qui va atterrir.

À force de s'élever si loin dans le ciel,
la chouette commence à manquer d'air.
La tour s'inquiète
pour son amie.

Babette
va mal !

Thomas tend aussitôt un casque
à l'oiseau. Dessous, Babette respire.
Sauvée !

La petite bande se rapproche
du Soleil. Il brille entouré
d'une ribambelle de planètes.

Et la Lune est maintenant juste
à quelques mètres de la fusée.
Thomas freine.

Posons-nous
dessus.

Sur le sol lunaire couvert
de cratères, ça alors! Il y a
une soucoupe volante. Quel pilote
l'a menée jusqu'ici? La tour Eiffel
baisse son long cou.

Sortez de votre cachette !

Surprise! La soucoupe appartient à des extraterrestres venus en colonie de vacances. Thomas est étonné : d'où ont-ils débarqué ? De Mars ? De Pluton ou de Jupiter ?

Le plus petit d'entre eux blague :
ils viennent de Jupiterrible !

Thomas a plein de choses à apprendre à la joyeuse compagnie. Il déplie sa lunette astronomique pour que chacun observe le ciel d'encore plus près.

La tour Eiffel s'émerveille : là-bas,
qui file autour des anneaux de Saturne
dans un grand tour de manège ?

C'est
une comète !

Babette compte ensuite les étoiles :
impossible de les additionner !
Thomas sait tout : il y a plus d'étoiles
dans l'univers que de grains de sable
sur la Terre !

Bon appétit !

Pendant ce temps, les extraterrestres boivent du sirop bleu qui pétille.
Quel piquenique!

Les heures passent. Pour les extraterrestres, finies les vacances : ils doivent retourner à l'école sur leur planète, très loin d'ici !

Avant de partir, toujours aussi blagueur, le plus petit propose de faire une photo souvenir. Il rit.

Faites une drôle de tête !

Thomas reste sur la Lune pour terminer sa mission. La tour, elle, doit vite retourner sur la Terre. Sinon les touristes venus à Paris croiront qu'elle a disparu !

Pour l'aider à trouver le plus court itinéraire, Thomas lui offre un cadeau :

Je te donne mon GPS !

Le lendemain soir, revenue bien
à sa place, la tour admire le ciel étoilé.
Soudain, ça clignote sur la Lune.

Oh, oh! C'est Thomas qui fait un petit coucou à la belle d'acier et à Babette. La chouette l'applaudit des deux ailes.

Bravo, roi des pilotes!

Mieux connaitre l'espace...

Le Système solaire

Autour du Soleil tournent huit planètes :
Mercure, Vénus, Terre, Mars, Jupiter,
Saturne, Uranus et Neptune. Il existe aussi
plusieurs petites planètes qu'on appelle
planètes naines, comme Pluton !
Le Soleil est une étoile : c'est une énorme
boule de gaz. Sa taille est près de cent dix
fois plus grande que celle de la Terre ! Sans
lui, il ferait tout le temps nuit et le froid
serait invivable.

La Lune bouge

C'est un satellite de la Terre : elle tourne tout autour. Tu peux la voir grâce au Soleil qui l'éclaire souvent. Elle a quatre phases : le premier quartier et le dernier quartier, où elle ne laisse apparaitre qu'un croissant, la pleine lune où elle brille toute ronde, et la nouvelle lune, où elle est sombre et reste invisible.

Vue du ciel, la Terre est bleue

Elle doit sa couleur aux océans et mers qui la recouvrent aux trois quarts. Toute cette eau permet aux plantes, aux animaux et aux humains de vivre.

Les comètes sont des astres de poussières et de glace

Les rayons du Soleil les font fondre. Elles laissent alors derrière elles de belles trainées lumineuses.

Bravo! Tu as lu un livre en entier !
Tu as aimé cette histoire ?

Retrouve la tour Eiffel dans d'autres aventures !

N° éditeur : 10275355 – Dépôt légal : aout 2018
Achevé d'imprimer par Pollina en juillet 2021
(85400 Luçon, Vendée, France) - 98666